Dieses Tankbuch gehört:

Name

Adresse

Telefon

Fahrzeugdaten:

Kennzeichen

Marke

Modell

Baujahr

Gekauft am

Datum	Tankstelle	Kilometerstand	Trip

Notizen

Liter getankt	Preis Je Liter	Gesamtbetrag	Ø-Verbrauch je 100 KM

Datum	Tankstelle	Kilometerstand	Trip

Notizen

Liter getankt	Preis Je Liter	Gesamtbetrag	Ø-Verbrauch je 100 KM

Datum	Tankstelle	Kilometerstand	Trip

Notizen

Liter getankt	Preis Je Liter	Gesamtbetrag	Ø-Verbrauch je 100 KM

Datum	Tankstelle	Kilometerstand	Trip

Notizen

Liter getankt	Preis Je Liter	Gesamtbetrag	Ø-Verbrauch je 100 KM

Datum	Tankstelle	Kilometerstand	Trip

Notizen

Liter getankt	Preis Je Liter	Gesamtbetrag	Ø-Verbrauch je 100 KM

Datum	Tankstelle	Kilometerstand	Trip

Notizen

Liter getankt	Preis Je Liter	Gesamtbetrag	Ø-Verbrauch je 100 KM

Datum	Tankstelle	Kilometerstand	Trip

Notizen

Liter getankt	Preis Je Liter	Gesamtbetrag	Ø-Verbrauch je 100 KM

Datum	Tankstelle	Kilometerstand	Trip

Notizen

Liter getankt	Preis Je Liter	Gesamtbetrag	Ø-Verbrauch je 100 KM

Datum	Tankstelle	Kilometerstand	Trip

Notizen

Liter getankt	Preis Je Liter	Gesamtbetrag	Ø-Verbrauch je 100 KM

Datum	Tankstelle	Kilometerstand	Trip

Notizen

Liter getankt	Preis Je Liter	Gesamtbetrag	Ø-Verbrauch je 100 KM

Datum	Tankstelle	Kilometerstand	Trip

Notizen

Liter getankt	Preis Je Liter	Gesamtbetrag	Ø-Verbrauch je 100 KM

Datum	Tankstelle	Kilometerstand	Trip

Notizen

Liter getankt	Preis Je Liter	Gesamtbetrag	Ø-Verbrauch je 100 KM

Datum	Tankstelle	Kilometerstand	Trip

Notizen

Liter getankt	Preis Je Liter	Gesamtbetrag	Ø-Verbrauch je 100 KM

Datum	Tankstelle	Kilometerstand	Trip

Notizen

Liter getankt	Preis Je Liter	Gesamtbetrag	Ø-Verbrauch je 100 KM

Datum	Tankstelle	Kilometerstand	Trip

Notizen

Liter getankt	Preis Je Liter	Gesamtbetrag	Ø-Verbrauch je 100 KM

Datum	Tankstelle	Kilometerstand	Trip

Notizen

Liter getankt	Preis Je Liter	Gesamtbetrag	Ø-Verbrauch je 100 KM

Datum	Tankstelle	Kilometerstand	Trip

Notizen

Liter getankt	Preis Je Liter	Gesamtbetrag	Ø-Verbrauch je 100 KM

Datum	Tankstelle	Kilometerstand	Trip

Notizen

Liter getankt	Preis Je Liter	Gesamtbetrag	Ø-Verbrauch je 100 KM

Datum	Tankstelle	Kilometerstand	Trip

Notizen

Liter getankt	Preis Je Liter	Gesamtbetrag	Ø-Verbrauch je 100 KM

Datum	Tankstelle	Kilometerstand	Trip

Notizen

Liter getankt	Preis Je Liter	Gesamtbetrag	Ø-Verbrauch je 100 KM

Datum	Tankstelle	Kilometerstand	Trip

Notizen

Liter getankt	Preis Je Liter	Gesamtbetrag	Ø-Verbrauch je 100 KM

Datum	Tankstelle	Kilometerstand	Trip

Notizen

Liter getankt	Preis Je Liter	Gesamtbetrag	Ø-Verbrauch je 100 KM

Datum	Tankstelle	Kilometerstand	Trip

Notizen

Liter getankt	Preis Je Liter	Gesamtbetrag	Ø-Verbrauch je 100 KM

Datum	Tankstelle	Kilometerstand	Trip

Notizen

Liter getankt	Preis Je Liter	Gesamtbetrag	Ø-Verbrauch je 100 KM

Datum	Tankstelle	Kilometerstand	Trip

Notizen

Liter getankt	Preis Je Liter	Gesamtbetrag	Ø-Verbrauch je 100 KM

Datum	Tankstelle	Kilometerstand	Trip

Notizen

Liter getankt	Preis Je Liter	Gesamtbetrag	Ø-Verbrauch je 100 KM

Datum	Tankstelle	Kilometerstand	Trip

Notizen

Liter getankt	Preis Je Liter	Gesamtbetrag	Ø-Verbrauch je 100 KM

Datum	Tankstelle	Kilometerstand	Trip

Notizen

Liter getankt	Preis Je Liter	Gesamtbetrag	Ø-Verbrauch je 100 KM

Datum	Tankstelle	Kilometerstand	Trip

Notizen

Liter getankt	Preis Je Liter	Gesamtbetrag	Ø-Verbrauch je 100 KM

Datum	Tankstelle	Kilometerstand	Trip

Notizen

Liter getankt	Preis Je Liter	Gesamtbetrag	Ø-Verbrauch je 100 KM

Datum	Tankstelle	Kilometerstand	Trip

Notizen ✎

Liter getankt	Preis Je Liter	Gesamtbetrag	Ø-Verbrauch je 100 KM

Datum	Tankstelle	Kilometerstand	Trip

Notizen

Liter getankt	Preis Je Liter	Gesamtbetrag	Ø-Verbrauch je 100 KM

Datum	Tankstelle	Kilometerstand	Trip

Notizen

Liter getankt	Preis Je Liter	Gesamtbetrag	Ø-Verbrauch je 100 KM

Datum	Tankstelle	Kilometerstand	Trip

Notizen ✎

Liter getankt	Preis Je Liter	Gesamtbetrag	Ø-Verbrauch je 100 KM

Datum	Tankstelle	Kilometerstand	Trip

Notizen

Liter getankt	Preis Je Liter	Gesamtbetrag	Ø-Verbrauch je 100 KM

Datum	Tankstelle	Kilometerstand	Trip

Notizen

Liter getankt	Preis Je Liter	Gesamtbetrag	Ø-Verbrauch je 100 KM

Datum	Tankstelle	Kilometerstand	Trip

Notizen

Liter getankt	Preis Je Liter	Gesamtbetrag	Ø-Verbrauch je 100 KM

Datum	Tankstelle	Kilometerstand	Trip

Notizen

Liter getankt	Preis Je Liter	Gesamtbetrag	Ø-Verbrauch je 100 KM

Datum	Tankstelle	Kilometerstand	Trip

Notizen

Liter getankt	Preis Je Liter	Gesamtbetrag	Ø-Verbrauch je 100 KM

Datum	Tankstelle	Kilometerstand	Trip

Notizen

Liter getankt	Preis Je Liter	Gesamtbetrag	Ø-Verbrauch je 100 KM

Datum	Tankstelle	Kilometerstand	Trip

Notizen

Liter getankt	Preis Je Liter	Gesamtbetrag	Ø-Verbrauch je 100 KM

Datum	Tankstelle	Kilometerstand	Trip

Notizen

Liter getankt	Preis Je Liter	Gesamtbetrag	Ø-Verbrauch je 100 KM

Datum	Tankstelle	Kilometerstand	Trip

Notizen

Liter getankt	Preis Je Liter	Gesamtbetrag	Ø-Verbrauch je 100 KM

Datum	Tankstelle	Kilometerstand	Trip

Notizen

Liter getankt	Preis Je Liter	Gesamtbetrag	Ø-Verbrauch je 100 KM

Datum	Tankstelle	Kilometerstand	Trip

Notizen

Liter getankt	Preis Je Liter	Gesamtbetrag	Ø-Verbrauch je 100 KM

Datum	Tankstelle	Kilometerstand	Trip

Notizen

Liter getankt	Preis Je Liter	Gesamtbetrag	Ø-Verbrauch je 100 KM

Datum	Tankstelle	Kilometerstand	Trip

Notizen

Liter getankt	Preis Je Liter	Gesamtbetrag	Ø-Verbrauch je 100 KM

Datum	Tankstelle	Kilometerstand	Trip

Notizen

Liter getankt	Preis Je Liter	Gesamtbetrag	Ø-Verbrauch je 100 KM

Datum	Tankstelle	Kilometerstand	Trip

Notizen

Liter getankt	Preis Je Liter	Gesamtbetrag	Ø-Verbrauch je 100 KM

Datum	Tankstelle	Kilometerstand	Trip

Notizen

Liter getankt	Preis Je Liter	Gesamtbetrag	Ø-Verbrauch je 100 KM

Datum	Tankstelle	Kilometerstand	Trip

Notizen ✎

Liter getankt	Preis Je Liter	Gesamtbetrag	Ø-Verbrauch je 100 KM

Datum	Tankstelle	Kilometerstand	Trip

Notizen

Liter getankt	Preis Je Liter	Gesamtbetrag	Ø-Verbrauch je 100 KM

Datum	Tankstelle	Kilometerstand	Trip

Notizen

Liter getankt	Preis Je Liter	Gesamtbetrag	Ø-Verbrauch je 100 KM

Notizen

www.ingramcontent.com/pod-product-compliance
Lightning Source LLC
LaVergne TN
LVHW101948220826
846093LV00006B/146